Asha Sohal

"Digital Highways: Um guia moderno para redes de computadores"

Asha Sohal

"Digital Highways: Um guia moderno para redes de computadores"

ScienciaScripts

Imprint

Cover image: www.ingimage.com

This book is a translation from the original published under ISBN 978-620-7-65002-6.

Publisher:
Sciencia Scripts
is a trademark of
Dodo Books Indian Ocean Ltd. and OmniScriptum S.R.L publishing group

120 High Road, East Finchley, London, N2 9ED, United Kingdom
Str. Armeneasca 28/1, office 1, Chisinau MD-2012, Republic of Moldova, Europe
Printed at: see last page
ISBN: 978-620-7-73699-7

"Digital Highways: Um guia moderno para redes de computadores"

Índice

Prefácio

Bem-vindo a "Digital Highways: Um guia moderno para redes de computadores". No mundo interligado de hoje, as redes de computadores desempenham um papel fundamental na facilitação da comunicação, colaboração e troca de informações em todo o mundo. Quer seja um estudante, um profissional de TI ou simplesmente um curioso sobre o funcionamento da Internet, este livro foi concebido para ser o seu companheiro abrangente para compreender e dominar os fundamentos das redes de computadores.

Neste prefácio, apresentaremos uma visão geral do que pode esperar deste livro, como está estruturado e quem pode beneficiar com a sua leitura.

Visão geral: "Digital Highways" foi concebido para ser informativo e acessível, oferecendo uma mistura de conceitos teóricos, conhecimentos práticos e exemplos do mundo real para desmistificar as complexidades das redes de computadores. Desde os conceitos básicos de arquitetura de rede até às últimas tendências em computação em nuvem e redes definidas por software, cada capítulo é cuidadosamente elaborado para fornecer uma explicação clara e concisa dos conceitos-chave, apoiada por ilustrações, diagramas e exercícios práticos.

Estrutura: O livro está dividido em dez capítulos, cada um centrado num aspeto específico das redes de computadores:

1. Introdução às redes informáticas
2. Fundamentos de rede
3. Dispositivos e infra-estruturas de rede
4. Protocolos e normas de rede
5. Segurança de rede
6. Gestão de redes
7. Redes sem fios
8. Redes em nuvem

9. Tecnologias emergentes

10. Estudos de casos e aplicações práticas

Cada capítulo baseia-se no anterior, expandindo gradualmente o seu conhecimento e compreensão dos conceitos e tecnologias de redes de computadores. Quer seja novo no domínio das redes ou pretenda aprofundar os seus conhecimentos, encontrará informações valiosas e orientações práticas em cada capítulo.

Público-alvo: Este livro destina-se a uma vasta gama de leitores, incluindo:

- Estudantes que pretendem obter diplomas ou certificações em ciências informáticas, tecnologias da informação ou domínios conexos
- Profissionais de TI que procuram melhorar os seus conhecimentos e competências em matéria de redes
- Profissionais do sector empresarial interessados em compreender os princípios subjacentes às redes informáticas
- Qualquer pessoa que tenha curiosidade em saber como funciona a Internet e as tecnologias que alimentam as redes de comunicação modernas

Independentemente da sua formação ou nível de especialização, "Digital Highways" foi concebido para ser o seu guia completo para navegar no vasto panorama das redes informáticas.

Conclusão: Ao embarcar em sua jornada pelas "Digital Highways", incentivamos você a abordar cada capítulo com curiosidade e vontade de aprender. Quer esteja a explorar as noções básicas de protocolos de rede ou a aprofundar tópicos avançados, como redes na nuvem e redes definidas por software, lembre-se de que o conhecimento que adquire o capacitará a navegar nas auto-estradas digitais com confiança e experiência.

Capítulo 1: Introdução às redes informáticas

Compreender as redes informáticas

As redes de computadores são a espinha dorsal da comunicação moderna e da troca de informações. Neste capítulo, vamos aprofundar os fundamentos das redes de computadores, explorando sua definição, componentes e características essenciais.

Definição de redes informáticas: Uma rede informática é um conjunto de dispositivos interligados, como computadores, servidores, routers e comutadores, que comunicam entre si para partilhar recursos, trocar dados e facilitar a colaboração. Ao estabelecer ligações entre estes dispositivos, as redes informáticas permitem aos utilizadores aceder a informações, serviços e aplicações em vários locais e plataformas.

Componentes de redes de computadores:

- **Nós**: Dispositivos ligados à rede, tais como computadores, servidores, impressoras e dispositivos móveis.
- **Ligações**: Vias de comunicação que ligam os nós e facilitam a transmissão de dados. As ligações podem ser com fios (por exemplo, cabos Ethernet) ou sem fios (por exemplo, Wi-Fi).
- **Dispositivos de rede**: Componentes de hardware responsáveis pela gestão e direcionamento do tráfego de rede, tais como routers, switches, hubs e pontos de acesso.
- **Protocolos**: Regras e convenções que regem a forma como os dados são transmitidos, recebidos e processados na rede. Os protocolos comuns incluem TCP/IP, Ethernet e Wi-Fi.

Tipos de redes de computadores:

- **Rede local (LAN)**: Uma rede confinada a uma pequena área geográfica, como um único edifício ou campus.
- **Rede de área alargada (WAN)**: Uma rede que abrange uma grande área geográfica, ligando frequentemente várias LANs ou localizações remotas.

- **Rede de área metropolitana (MAN)**: Uma rede que cobre uma área maior do que uma LAN mas mais pequena do que uma WAN, servindo normalmente uma cidade ou uma área metropolitana.

- **Rede de área pessoal (PAN)**: Uma rede que liga dispositivos na proximidade imediata de um indivíduo, tais como dispositivos com Bluetooth.

Características das redes de computadores:

- **Conectividade**: As redes permitem que os dispositivos estabeleçam ligações e comuniquem entre si, promovendo a colaboração e a troca de informações.

- **Escalabilidade**: As redes podem ser dimensionadas para acomodar um número crescente de dispositivos e utilizadores, permitindo às organizações expandir a sua infraestrutura conforme necessário.

- **Fiabilidade**: As redes bem concebidas são resistentes a falhas e perturbações, garantindo o acesso contínuo a recursos e serviços.

- **Segurança**: As redes implementam medidas para proteger a confidencialidade, integridade e disponibilidade dos dados, salvaguardando-os contra o acesso não autorizado e as ciberameaças.

- **Desempenho**: As redes esforçam-se por oferecer um desempenho ótimo, minimizando a latência, a perda de pacotes e outros factores que afectam a experiência do utilizador.

Ao compreender os conceitos fundamentais das redes de computadores, os indivíduos podem compreender a importância das redes no mundo digital atual e apreciar os mecanismos subjacentes que permitem uma comunicação e conetividade sem falhas. Nos capítulos seguintes, aprofundaremos as arquitecturas, os protocolos e as tecnologias de rede, permitindo que os leitores naveguem pelos meandros das redes de computadores com confiança e proficiência.

Evolução das tecnologias de rede

A evolução das tecnologias de ligação em rede tem sido marcada por marcos significativos e inovações que transformaram a forma como comunicamos, colaboramos e acedemos à informação. Esta secção apresenta uma panorâmica das principais fases da evolução das tecnologias de ligação em rede:

1. **Primeiros protocolos de ligação em rede**: As origens das redes de computadores remontam à década de 1960, com o desenvolvimento dos primeiros protocolos de rede, como a ARPANET, que lançou as bases da Internet tal como a conhecemos atualmente. A ARPANET, financiada pelo Departamento de Defesa dos EUA, foi pioneira no conceito de comutação de pacotes e interligou várias instituições de investigação e universidades.

2. **Conjunto de protocolos da Internet (TCP/IP)**: Nas décadas de 1970 e 1980, o conjunto de protocolos TCP/IP emergiu como a norma de facto para a ligação em rede, fornecendo uma estrutura robusta e escalável para a transmissão de dados através de redes interligadas. O TCP/IP permitiu a criação da Internet moderna, facilitando a conetividade global e a troca de informações em grande escala.

3. **Computação cliente-servidor**: O advento da computação cliente-servidor na década de 1980 revolucionou a forma como as aplicações e os serviços eram fornecidos através das redes. As arquitecturas cliente-servidor permitiram a computação distribuída, em que os clientes (dispositivos do utilizador final) solicitam serviços ou recursos a servidores centralizados, permitindo uma utilização eficiente dos recursos e a escalabilidade.

4. **Redes locais (LANs)**: Ao longo das décadas de 1980 e 1990, a proliferação de tecnologias de LAN, como Ethernet e Token Ring, facilitou a interconexão de computadores em uma área localizada, como um prédio de escritórios ou campus. As LANs permitiram às organizações partilhar recursos como impressoras, ficheiros e acesso à Internet, aumentando a produtividade e a colaboração.

5. **Redes de área ampla (WANs)**: À medida que as empresas se expandiam geograficamente, a necessidade de interligar LANs a distâncias maiores deu origem a tecnologias WAN, como linhas alugadas, frame relay e, mais tarde, a Internet. As WANs proporcionaram às organizações a capacidade de ligar escritórios remotos, sucursais e centros de dados, permitindo uma comunicação e troca de dados sem descontinuidades em locais distribuídos.

6. **Surgimento das redes sem fios**: O final do século XX assistiu ao aparecimento de tecnologias de rede sem fios, como o Wi-Fi e o Bluetooth, que permitiram a mobilidade e libertaram os dispositivos das ligações físicas. As redes sem fios

revolucionaram a comunicação e a computação, permitindo aos utilizadores aceder a informações e serviços a partir de praticamente qualquer local.

7. **Computação em nuvem e virtualização**: No século XXI, a computação em nuvem e a virtualização surgiram como paradigmas transformadores nas redes, permitindo o fornecimento de recursos de computação, aplicações e serviços através da Internet. A computação em nuvem ofereceu uma escalabilidade, flexibilidade e rentabilidade sem precedentes, impulsionando a transformação digital em todos os sectores.

8. **Rede definida por software (SDN)**: O surgimento da SDN no início da década de 2010 marcou uma mudança de paradigma nas redes, separando o plano de controlo do plano de dados e permitindo a gestão centralizada e a programabilidade da infraestrutura de rede. A SDN prometia simplificar as operações de rede, melhorar a agilidade e oferecer suporte a requisitos dinâmicos de aplicativos.

9. **Internet das Coisas (IoT)**: A proliferação de dispositivos IoT nos últimos anos deu início a uma nova era de ligação em rede, em que milhares de milhões de dispositivos, sensores e actuadores interligados recolhem, processam e trocam dados através de redes. As tecnologias IoT prometem revolucionar sectores como os cuidados de saúde, a indústria transformadora, os transportes e as cidades inteligentes.

10. **5G e mais além**: A implantação de redes 5G promete oferecer velocidade, capacidade e conetividade sem precedentes, permitindo novas aplicações e serviços, como veículos autónomos, realidade aumentada e implantações maciças de IoT. Espera-se que as redes 5G impulsionem a inovação e transformem as indústrias, dando início à próxima onda de tecnologias de rede.

Importância do trabalho em rede na era digital

Na era digital, o trabalho em rede desempenha um papel fundamental na promoção da inovação, da produtividade e do crescimento económico em todos os sectores. A importância da ligação em rede pode ser observada nos seguintes aspectos:

1. **Conectividade**: A ligação em rede permite que indivíduos, organizações e dispositivos se liguem e comuniquem entre si, promovendo a colaboração, a partilha de conhecimentos e a troca de informações a uma escala global.

2. **Transformação digital**: A ligação em rede está na base das iniciativas de transformação digital, permitindo às empresas tirar partido da tecnologia para simplificar as operações, melhorar as experiências dos clientes e obter vantagens competitivas.

3. **Escalabilidade e flexibilidade**: As tecnologias de rede, como a computação em nuvem e a SDN, fornecem às organizações soluções de infraestrutura escaláveis e flexíveis, permitindo que elas se adaptem às mudanças nos requisitos de negócios e escalem recursos sob demanda.

4. **Inovação e rutura**: A ligação em rede alimenta a inovação e a disrupção, permitindo o desenvolvimento e a implementação de novas tecnologias, serviços e modelos de negócio. As tendências emergentes, como a IoT, a IA e o 5G, estão preparadas para remodelar as indústrias e gerar novas oportunidades de crescimento e inovação.

5. **Globalização**: O trabalho em rede facilita a globalização ao derrubar barreiras geográficas e permitir que as organizações operem e concorram numa escala global. As redes globais ligam empresas, cadeias de fornecimento e mercados, permitindo transacções e colaboração transfronteiriças sem descontinuidades.

6. **Segurança e resiliência**: As redes desempenham um papel fundamental para garantir a segurança e a resiliência da infraestrutura digital, protegendo contra ciberameaças, violações de dados e falhas de rede. Medidas robustas de segurança de rede e melhores práticas são essenciais para proteger informações confidenciais e manter a continuidade dos negócios.

7. **Capacitação e inclusão**: A ligação em rede dá poder aos indivíduos e às comunidades, proporcionando acesso à informação, à educação e a oportunidades de progresso social e económico. Colmatar o fosso digital e promover a inclusão digital são objectivos essenciais para garantir um acesso equitativo aos recursos e tecnologias de ligação em rede.

Em resumo, a ligação em rede é fundamental para a era digital, servindo como espinha dorsal da comunicação, do comércio e da inovação modernos. À medida que a tecnologia continua a evoluir e as redes se tornam cada vez mais interconectadas e inteligentes, a importância das redes continuará a crescer, moldando o futuro do nosso mundo interconectado.

Capítulo 2: Fundamentos de rede

Modelo OSI desmistificado

O modelo OSI (Open Systems Interconnection) é um quadro concetual que normaliza as funções de um sistema de telecomunicações ou de computação em sete camadas distintas. Cada camada serve um objetivo específico e interage com as camadas adjacentes para facilitar a comunicação entre dispositivos. Eis uma descrição pormenorizada do modelo OSI:

1. **Camada física (Camada 1)**:

   - A camada física trata da transmissão de bits de dados brutos através de um meio físico, como fios de cobre, cabos de fibra ótica ou canais sem fios.
   - As funções incluem a codificação, a modulação, a taxa de transmissão e a topologia física.
   - Exemplos de dispositivos: Cabos Ethernet, hubs, repetidores.

2. **Camada de ligação de dados (Camada 2)**:

   - A camada de ligação de dados é responsável pela transmissão fiável de quadros de dados entre nós adjacentes através de uma ligação física.
   - As funções incluem enquadramento, deteção e correção de erros, controlo de fluxo e controlo de acesso.
   - Exemplos de protocolos: Ethernet, Wi-Fi (802.11), PPP (Point-to-Point Protocol).

3. **Camada de rede (Camada 3)**:

   - A camada de rede permite o encaminhamento e o reencaminhamento de pacotes de dados entre diferentes redes, possibilitando a comunicação de extremo a extremo através de múltiplos saltos.
   - As funções incluem endereçamento, encaminhamento, fragmentação de pacotes e endereçamento lógico.

- Exemplos de protocolos: IP (Internet Protocol), ICMP (Internet Control Message Protocol).

4. **Camada de transporte (Camada 4)**:

- A camada de transporte assegura uma transferência de dados fiável e eficiente entre sistemas finais, tratando a segmentação, a recuperação de erros e o controlo do fluxo.
- As funções incluem segmentação, estabelecimento de ligação, fiabilidade e controlo de congestionamento.
- Exemplos de protocolos: TCP (Transmission Control Protocol), UDP (User Datagram Protocol).

5. **Camada de sessão (Camada 5)**:

- A camada de sessão estabelece, mantém e termina sessões de comunicação entre aplicações, facilitando a sincronização e a troca de dados.
- As funções incluem o estabelecimento, a manutenção, a sincronização e a terminação da sessão.
- Exemplos de protocolos: NetBIOS, RPC (Remote Procedure Call).

6. **Camada de apresentação (Camada 6)**:

- A camada de apresentação assegura a compatibilidade e a interoperabilidade dos dados trocados entre diferentes sistemas, tratando a encriptação, a compressão e a conversão de formatos dos dados.
- As funções incluem tradução de dados, encriptação, compressão e conversão de formatos de dados.
- Exemplos de protocolos: SSL/TLS, MIME (Multipurpose Internet Mail Extensions).

7. **Camada de aplicação (Camada 7)**:

- A camada de aplicação fornece serviços de rede diretamente aos utilizadores finais e às aplicações, facilitando a comunicação e a interação com os recursos da rede.
- As funções incluem o fornecimento de interfaces de utilizador, intercâmbio de dados e serviços específicos de aplicações.
- Exemplos de protocolos: HTTP, FTP, SMTP.

A compreensão do modelo OSI ajuda os engenheiros e administradores de rede a resolver problemas de rede, a conceber arquitecturas robustas e a garantir a interoperabilidade entre diferentes tecnologias e protocolos de rede.

Conjunto de protocolos TCP/IP

O conjunto TCP/IP (Transmission Control Protocol/Internet Protocol) é o conjunto fundamental de protocolos utilizados para a comunicação na Internet e na maioria das redes locais. Fornece a estrutura para a transmissão de dados e a ligação em rede entre dispositivos interligados. Aqui está uma visão geral detalhada do conjunto de protocolos TCP/IP:

1. **Protocolo Internet (IP):**
   - O IP é responsável pelo endereçamento e encaminhamento de pacotes nas redes, permitindo a comunicação de ponta a ponta entre dispositivos.
   - Fornece entrega de pacotes sem ligação e com o melhor esforço, sem garantias de fiabilidade ou de ordenação.
   - O IPv4 e o IPv6 são as duas principais versões do Protocolo Internet, sendo que o IPv6 resolve as limitações do IPv4 e oferece suporte para um espaço de endereçamento maior.
2. **Protocolo de Controlo de Transmissão (TCP):**
   - O TCP é um protocolo orientado para a ligação que fornece fluxos de dados fiáveis, ordenados e com verificação de erros entre aplicações.
   - Estabelece uma ligação, confirma os dados recebidos e retransmite os pacotes perdidos para garantir uma transmissão fiável.

- O TCP é amplamente utilizado para aplicações que requerem uma entrega garantida, como a navegação na Web, o correio eletrónico e a transferência de ficheiros.

3. **Protocolo de datagrama do utilizador (UDP)**:

   - O UDP é um protocolo sem ligação que fornece um mecanismo leve e de baixo custo para o envio de datagramas entre dispositivos.
   - Não garante a entrega ou a ordem dos pacotes e é normalmente utilizado para aplicações em tempo real em que a velocidade tem prioridade sobre a fiabilidade, como o streaming de voz e vídeo.

4. **Protocolo de Mensagens de Controlo da Internet (ICMP)**:

   - O ICMP é um protocolo de gestão de rede utilizado para fins de diagnóstico e comunicação de erros em redes IP.
   - É normalmente utilizado para funções como ping (pedido/resposta de eco), traceroute e comunicação de erros de rede (por exemplo, destino inalcançável, tempo excedido).

5. **Segurança do Protocolo Internet (IPsec)**:

   - O IPsec é um conjunto de protocolos utilizados para proteger a comunicação em redes IP, fornecendo autenticação, integridade, confidencialidade e proteção anti-repetição.
   - É normalmente utilizado para implementações de VPN (Virtual Private Network) para proteger a transmissão de dados através de redes públicas.

O conjunto de protocolos TCP/IP serve como base da Internet e é amplamente utilizado em redes locais (LANs), redes de área ampla (WANs) e vários outros ambientes de rede. Compreender o TCP/IP é essencial para engenheiros de rede, administradores e programadores envolvidos na conceção, implementação e manutenção de sistemas em rede.

Tecnologias Ethernet e LAN

A Ethernet é a tecnologia LAN (Local Area Network) mais utilizada, proporcionando um meio fiável e económico de ligar dispositivos numa área geográfica limitada, como um edifício de escritórios, um campus ou uma rede doméstica. Aqui está uma exploração detalhada das tecnologias Ethernet e LAN:

1. **Noções básicas de Ethernet**:

   - A Ethernet é uma família de tecnologias de rede definida pela norma IEEE 802.3, que especifica as camadas física e de ligação de dados do modelo OSI.
   - Utiliza uma topologia de barramento ou estrela, com dispositivos ligados a um meio partilhado (por exemplo, cabo coaxial, par entrançado ou cabo de fibra ótica).
   - Os quadros Ethernet são constituídos por um cabeçalho (que contém os endereços MAC de origem e de destino), uma carga útil (dados) e um trailer (deteção de erros).

2. **Variantes Ethernet**:

   - A Ethernet está disponível em várias velocidades e variantes, incluindo 10 Mbps (Ethernet), 100 Mbps (Fast Ethernet), 1 Gbps (Gigabit Ethernet), 10 Gbps (10 Gigabit Ethernet) e muito mais.
   - Cada variante Ethernet utiliza diferentes meios físicos (por exemplo, cobre ou fibra) e métodos de sinalização para atingir a sua taxa de dados especificada.

3. **Comutação Ethernet**:

   - Os comutadores Ethernet são dispositivos de rede inteligentes que encaminham quadros de dados com base em endereços MAC, criando ligações dedicadas entre dispositivos.
   - Os switches usam tabelas de endereços MAC para aprender e armazenar os mapeamentos entre os endereços MAC e as portas do switch, permitindo o encaminhamento eficiente de pacotes.
   - As redes Ethernet comutadas oferecem maior desempenho, escalabilidade e segurança em comparação com as redes tradicionais baseadas em hubs.

4. **Tecnologias LAN:**

- Para além da Ethernet, outras tecnologias LAN incluem Wi-Fi (802.11), Token Ring e FDDI (Fiber Distributed Data Interface).
- O Wi-Fi, baseado nas normas IEEE 802.11, permite a conetividade sem fios entre dispositivos, permitindo aos utilizadores aceder a recursos de rede sem cabos físicos.
- Token Ring e FDDI são tecnologias LAN antigas que foram largamente suplantadas pela Ethernet, mas que ainda são encontradas em alguns ambientes.

5. **Considerações sobre o design da LAN:**

- A conceção da LAN envolve considerações como a topologia da rede, a infraestrutura de cablagem, os requisitos de largura de banda e a segmentação da rede.
- As topologias comuns de LAN incluem estrela, barramento, anel e malha, cada uma oferecendo vantagens e desvantagens distintas em

Capítulo 3: Dispositivos e infraestrutura de rede

Routers, Switches e Hubs

1. **Routers**:

    - Os routers são dispositivos de rede que funcionam no nível de rede (nível 3) do modelo OSI.
    - São responsáveis pelo encaminhamento de pacotes de dados entre diferentes redes com base em endereços IP.
    - Os routers mantêm tabelas de encaminhamento que contêm informações sobre os melhores caminhos para chegar às redes de destino.
    - Podem ligar LANs, WANs e a Internet, permitindo a comunicação entre dispositivos em redes diferentes.
    - Os routers desempenham funções como o encaminhamento de pacotes, a execução de protocolos de encaminhamento e a tradução de endereços de rede (NAT).

2. **Interruptores**:

    - Os comutadores são dispositivos de rede que funcionam no nível de ligação de dados (nível 2) do modelo OSI.
    - Encaminham quadros de dados entre dispositivos da mesma rede com base em endereços MAC.
    - Os switches mantêm tabelas de endereços MAC (também conhecidas como tabelas de encaminhamento) que mapeiam os endereços MAC para as portas de switch correspondentes.
    - Ao contrário dos hubs, os switches criam caminhos de comunicação dedicados entre dispositivos, reduzindo as colisões e melhorando o desempenho da rede.
    - Suportam comunicação full-duplex, permitindo que os dispositivos transmitam e recebam dados em simultâneo.

3. **Cubos**:

- Os hubs são dispositivos de rede que funcionam na camada física (Camada 1) do modelo OSI.
- Funcionam como simples repetidores de sinal, transmitindo os pacotes de dados de entrada a todos os dispositivos ligados.
- Os hubs não têm inteligência e não executam quaisquer funções de filtragem ou endereçamento de pacotes.
- Devido à sua largura de banda partilhada e à falta de deteção de colisões, os hubs são propensos ao congestionamento da rede e a colisões em redes ocupadas.
- Os hubs foram largamente substituídos por switches nas redes Ethernet modernas devido ao seu desempenho e eficiência superiores.

Placas de interface de rede (NICs)

1. **Definição**:

- Uma placa de interface de rede (NIC) é um componente de hardware que permite a ligação de um dispositivo a uma rede.
- As placas de rede são instaladas em computadores, servidores e outros dispositivos ligados em rede para facilitar a comunicação através de um meio de rede, como Ethernet ou Wi-Fi.

2. **Funções**:

- Os NICs fornecem a interface física entre o dispositivo e o meio de rede, permitindo a transmissão e receção de dados.
- Encapsulam os dados em fotogramas de acordo com as especificações do protocolo e transmitem-nos para a rede.
- As NICs recebem quadros de dados de entrada, retiram as informações de enquadramento e entregam a carga útil ao sistema operativo do dispositivo para processamento.

3. **Tipos**:

    - NICs Ethernet: Utilizadas para ligar dispositivos a redes baseadas em Ethernet utilizando cabos de par entrançado ou de fibra ótica.
    - NICs sem fios (adaptadores Wi-Fi): Permitem que os dispositivos se liguem a redes sem fios utilizando as normas IEEE 802.11.
    - NICs de canal de fibra (adaptadores FCoE): Utilizados para ligar dispositivos a redes de área de armazenamento (SANs) utilizando protocolos de canal de fibra sobre Ethernet (FCoE).
    - NICs Token Ring (antigas): Utilizadas em redes mais antigas baseadas na tecnologia Token Ring, que está atualmente obsoleta.

4. **Características**:

    - Velocidade e duplex: As placas de rede suportam diferentes velocidades de dados (por exemplo, 10/100/1000 Mbps) e modos duplex (half-duplex ou full-duplex), consoante os requisitos da rede.
    - Wake-on-LAN (WoL): Permite que um dispositivo seja ligado remotamente utilizando um pacote de rede especial, facilitando a gestão e manutenção remotas.
    - Marcação de VLAN: Suporta configurações de LAN virtual (VLAN) adicionando etiquetas de VLAN aos quadros de saída, permitindo a segmentação da rede e o isolamento do tráfego.

Pontos de acesso sem fios

1. **Definição**:

    - Um ponto de acesso sem fios (WAP) é um dispositivo de rede que permite que os dispositivos sem fios se liguem a uma rede com fios utilizando a tecnologia Wi-Fi.
    - Os WAPs funcionam como pontos centrais de conetividade em redes sem fios, fornecendo acesso a recursos de rede e à Internet para dispositivos com Wi-Fi.

2. **Funções**:

- Os WAPs transmitem e recebem sinais sem fios, criando uma LAN sem fios (WLAN) à qual os dispositivos se podem ligar.
- Autenticam e autorizam clientes sem fios, assegurando o acesso seguro à rede com base em políticas de segurança predefinidas.
- Os WAPs fornecem conetividade de rede, atribuição de endereços IP e funções de encaminhamento para clientes sem fios, à semelhança dos comutadores Ethernet com fios.

3. **Implantação**:

- Os WAPs são instalados estrategicamente num edifício ou campus para proporcionar uma cobertura sem fios e uma intensidade de sinal adequadas.
- Podem ser interligados vários WAPs para formar uma infraestrutura de rede sem fios, permitindo uma itinerância sem descontinuidades para os clientes sem fios à medida que se deslocam entre pontos de acesso.

4. **Características**:

- SSID (Service Set Identifier): Identifica a rede sem fios e permite que os clientes se liguem à rede adequada.
- Encriptação: Proporciona segurança à comunicação sem fios, encriptando os dados transmitidos entre o cliente e o ponto de acesso através de protocolos como o WPA2 (Wi-Fi Protected Access 2).
- Acesso de convidados: Permite que os visitantes ou convidados acedam à Internet sem comprometer a segurança da rede principal.
- Qualidade de serviço (QoS): Dá prioridade ao tráfego de rede para garantir um desempenho ótimo para aplicações sensíveis à latência, como a transmissão de voz e vídeo.

5. **Gestão**:

- Os WAPs podem ser geridos centralmente utilizando software de gestão de rede ou plataformas de gestão baseadas na nuvem, permitindo aos administradores configurar definições, monitorizar o desempenho e aplicar actualizações de firmware remotamente.
- As opções de configuração incluem seleção de canais, ajuste da potência de transmissão, definições de segurança e métodos de autenticação de clientes.

Compreender as funções e características dos routers, switches, hubs, NICs e pontos de acesso sem fios é essencial para conceber, implementar e manter infra-estruturas de rede eficientes e seguras. Estes componentes de rede formam os blocos de construção das redes de comunicação modernas, permitindo uma conetividade e troca de dados sem descontinuidades entre diversos dispositivos e ambientes.

Capítulo 4: Protocolos e normas de rede

Protocolos TCP/IP

O conjunto TCP/IP (Transmission Control Protocol/Internet Protocol) é um conjunto de protocolos que facilitam a comunicação entre dispositivos através de uma rede. Aqui está uma visão detalhada de alguns dos principais protocolos TCP/IP:

1. **Protocolo Internet (IP)**:
   - O IP é responsável pelo encaminhamento dos pacotes de dados através das redes.
   - Atribui endereços únicos aos dispositivos, conhecidos como endereços IP, permitindo-lhes comunicar entre si.
   - O IP não tem ligação e não é fiável, o que significa que não garante a entrega ou a ordem dos pacotes.
2. **Protocolo de Controlo de Transmissão (TCP)**:
   - O TCP proporciona uma entrega de dados fiável, ordenada e com verificação de erros entre dispositivos.
   - Estabelece ligações, gere a transferência de dados e assegura a integridade dos dados através de mecanismos como a confirmação e a retransmissão.
   - O TCP é normalmente utilizado para aplicações que requerem uma entrega garantida, como a navegação na Web e a transferência de ficheiros.
3. **Protocolo de datagrama do utilizador (UDP)**:
   - O UDP é um protocolo sem ligação que permite uma transmissão de dados mais rápida mas menos fiável do que o TCP.
   - É frequentemente utilizado para aplicações em tempo real, como o streaming de vídeo e os jogos em linha, em que a velocidade tem prioridade sobre a integridade dos dados.
   - O UDP não estabelece ligações nem efectua recuperação de erros, o que o torna leve e eficiente para determinados tipos de comunicação.

4. **Protocolo de Mensagens de Controlo da Internet (ICMP):**

- O ICMP é utilizado para diagnóstico e comunicação de erros em redes IP.
- Permite que os dispositivos enviem e recebam mensagens sobre as condições da rede, tais como pedidos e respostas de ping.
- O ICMP é normalmente utilizado para a resolução de problemas e tarefas de gestão da rede.

5. **Protocolo de resolução de endereços (ARP):**

- O ARP é utilizado para mapear endereços IP para endereços MAC num segmento de rede local.
- Resolve endereços IP para os endereços MAC correspondentes, permitindo que os dispositivos comuniquem dentro da mesma rede.
- O ARP é essencial para que os dispositivos estabeleçam comunicação direta entre si numa LAN.

DNS, DHCP e ARP

1. **Sistema de Nomes de Domínio (DNS):**

- O DNS traduz os nomes de domínio em endereços IP, facilitando o acesso dos utilizadores a sítios Web utilizando nomes memoráveis em vez de endereços IP numéricos.
- Funciona como um sistema distribuído de servidores, sendo cada servidor responsável pela resolução de nomes de domínio dentro do seu domínio ou zona.
- O DNS desempenha um papel fundamental no funcionamento da Internet, fornecendo um sistema de nomes hierárquico para os endereços Web.

2. **Protocolo de Configuração Dinâmica de Anfitrião (DHCP):**

- O DHCP automatiza o processo de atribuição de endereços IP e parâmetros de configuração de rede a dispositivos numa rede.

- Permite que os dispositivos obtenham endereços IP dinamicamente a partir de um servidor DHCP, eliminando a necessidade de configuração manual.
- O DHCP simplifica a administração da rede e assegura uma utilização eficiente dos endereços IP, alugando endereços a dispositivos durante um período específico.

3. **Protocolo de Resolução de Endereços (ARP)**:
   - O ARP resolve endereços IP para endereços MAC num segmento de rede local.
   - É utilizado quando os dispositivos precisam de comunicar entre si dentro da mesma rede, mas apenas têm endereços IP.
   - O ARP mapeia endereços IP para endereços MAC, permitindo que os dispositivos estabeleçam comunicação direta através da rede local.

HTTP, HTTPS, FTP e SMTP

1. **Protocolo de Transferência de Hipertexto (HTTP)**:
   - O HTTP é utilizado para a transferência de documentos de hipertexto na World Wide Web.
   - Define a forma como os navegadores Web e os servidores Web comunicam, permitindo aos utilizadores solicitar e aceder a páginas Web, imagens e outros recursos.
   - O HTTP funciona sobre TCP/IP e segue um modelo cliente-servidor, em que os clientes (browsers) enviam pedidos aos servidores, que respondem com o conteúdo solicitado.
2. **Protocolo de transferência de hipertexto seguro (HTTPS)**:
   - O HTTPS é uma versão segura do HTTP que encripta os dados transmitidos entre clientes e servidores.
   - Utiliza a encriptação SSL/TLS para proteger as informações sensíveis contra escutas e adulterações.

- O HTTPS é normalmente utilizado para transacções em linha seguras, como o comércio eletrónico e a banca em linha, para garantir a privacidade e a integridade dos dados.

3. **Protocolo de transferência de ficheiros (FTP)**:

   - O FTP é utilizado para transferir ficheiros entre um cliente e um servidor através de uma rede.
   - Permite aos utilizadores carregar, descarregar e gerir ficheiros em servidores remotos utilizando uma interface simples baseada em comandos.
   - O FTP funciona sobre TCP/IP e suporta mecanismos de autenticação para acesso seguro a ficheiros e directórios.

4. **Protocolo de transferência de correio simples (SMTP)**:

   - O SMTP é um protocolo utilizado para o envio e encaminhamento de mensagens de correio eletrónico entre servidores de correio.
   - Define a forma como os clientes de correio eletrónico (remetentes) comunicam com os servidores de correio para enviar mensagens de saída.
   - O SMTP é responsável pela entrega de mensagens, pelo tratamento de erros e por assegurar o encaminhamento correto das mensagens de correio eletrónico através da Internet.

Estes protocolos constituem a base das redes modernas e são essenciais para permitir a comunicação, a partilha de recursos e a transferência segura de dados em redes de todas as dimensões. Compreender as suas funções e interacções é crucial para administradores de rede, programadores e qualquer pessoa envolvida na gestão de sistemas em rede.

Capítulo 5: Segurança da rede

Noções básicas de segurança de rede

A segurança da rede é a prática de proteger as redes informáticas e os dispositivos associados contra o acesso não autorizado, a utilização indevida, a modificação ou a perturbação. Seguem-se alguns princípios e conceitos fundamentais da segurança da rede:

1. **Confidencialidade**:
    - A confidencialidade garante que as informações sensíveis permanecem acessíveis apenas a indivíduos ou sistemas autorizados.
    - As técnicas de encriptação, como a encriptação simétrica e assimétrica, são utilizadas para proteger os dados contra o acesso não autorizado durante a transmissão e o armazenamento.
2. **Integridade**:
    - A integridade garante que os dados permanecem exactos, completos e inalterados durante a transmissão e o armazenamento.
    - As funções de hash e as assinaturas digitais são utilizadas para detetar modificações não autorizadas nos dados e garantir a sua integridade.
3. **Autenticação**:
    - A autenticação verifica a identidade dos utilizadores, dispositivos ou processos antes de conceder acesso aos recursos.
    - Os mecanismos de autenticação incluem palavras-passe, dados biométricos, fichas de segurança e autenticação multifactor (MFA).
4. **Autorização**:
    - A autorização determina as acções que os utilizadores, dispositivos ou processos têm permissão para executar depois de autenticados.

- As listas de controlo de acesso (ACLs), o controlo de acesso baseado em funções (RBAC) e as permissões são utilizados para aplicar políticas de autorização.

5. **Disponibilidade**:

- A disponibilidade garante que os recursos e serviços da rede estão acessíveis e utilizáveis quando necessário.
- Medidas como a redundância, a tolerância a falhas e o planeamento da recuperação de desastres são implementadas para atenuar as interrupções e garantir um funcionamento contínuo.

6. **Defesa em profundidade**:

- A defesa em profundidade é uma abordagem de segurança em camadas que emprega várias medidas de segurança em diferentes níveis da rede.
- Esta estratégia aumenta a complexidade e o custo para os atacantes e reduz a probabilidade de uma violação bem sucedida.

7. **Políticas de segurança**:

- As políticas de segurança definem as regras, procedimentos e directrizes para proteger os recursos da rede e reduzir os riscos de segurança.
- As políticas abrangem áreas como a gestão de palavras-passe, o controlo de acesso, a encriptação de dados e a resposta a incidentes.

8. **Sensibilização para a segurança**:

- Os programas de sensibilização para a segurança educam os utilizadores sobre as melhores práticas de segurança, ameaças e as suas funções e responsabilidades na manutenção de um ambiente de rede seguro.
- A formação, os seminários e as simulações de phishing são utilizados para aumentar a sensibilização e promover uma cultura consciente da segurança.

A implementação de medidas de segurança de rede robustas requer uma combinação de controlos técnicos, políticas e formação dos utilizadores para proteger contra uma vasta gama de ameaças e vulnerabilidades.

Firewalls e sistemas de deteção de intrusão (IDS)

1. **Firewalls**:
    - As firewalls são dispositivos de segurança de rede que monitorizam e controlam o tráfego de entrada e de saída com base em regras de segurança pré-determinadas.
    - Funcionam como uma barreira entre as redes internas fiáveis e as redes externas não fiáveis, como a Internet.
    - As firewalls podem ser baseadas em hardware, em software ou na nuvem e podem filtrar o tráfego na camada de rede (filtragem de pacotes), na camada de transporte (inspeção com estado) ou na camada de aplicação (firewall proxy).
    - Aplicam políticas de segurança, bloqueiam tentativas de acesso não autorizado e protegem contra ataques baseados na rede, tais como ataques de negação de serviço (DoS), exploração de portas e tentativas de intrusão.
2. **Sistemas de deteção de intrusão (IDS)**:
    - Os IDS são sistemas de segurança que monitorizam o tráfego de rede para detetar actividades suspeitas ou maliciosas e alertam os administradores para potenciais ameaças à segurança.
    - Analisam pacotes de rede, ficheiros de registo e eventos do sistema para detetar sinais de acesso não autorizado, infecções por malware ou comportamentos anómalos.
    - Os IDS podem funcionar de dois modos: IDS baseados na rede (NIDS), que monitorizam o tráfego da rede em tempo real, e IDS baseados no anfitrião (HIDS), que monitorizam a atividade em dispositivos individuais.
    - Os IDS podem utilizar a deteção baseada em assinaturas, que compara padrões de tráfego de rede com assinaturas de ataque conhecidas, ou a deteção baseada em anomalias, que identifica desvios do comportamento normal da rede.

As firewalls e os IDS trabalham em conjunto para fornecer proteção de defesa em profundidade para as redes, com as firewalls a impedir o acesso não autorizado e os IDS a detetar e alertar para actividades suspeitas que possam contornar as defesas do perímetro.

Redes privadas virtuais (VPNs) e encriptação

1. **Redes Privadas Virtuais (VPNs)**:
    - As VPNs são túneis seguros que permitem aos utilizadores remotos ou às sucursais ligarem-se de forma segura a uma rede empresarial através da Internet.
    - Estabelecem ligações encriptadas entre dispositivos clientes e servidores VPN, assegurando a confidencialidade e a privacidade dos dados transmitidos através de redes públicas.
    - As VPNs utilizam protocolos de tunelamento como o Point-to-Point Tunneling Protocol (PPTP), o Layer 2 Tunneling Protocol (L2TP), o Secure Socket Tunneling Protocol (SSTP) e o Internet Protocol Security (IPsec) para encapsular e encriptar pacotes de dados.
    - As VPNs fornecem acesso seguro aos recursos da empresa, permitem o trabalho remoto e o teletrabalho e protegem os dados sensíveis contra escutas e intercepções.
2. **Encriptação**:
    - A encriptação é o processo de codificação de dados num formato de texto cifrado para impedir o acesso ou a divulgação não autorizados.
    - São utilizados algoritmos de encriptação fortes e técnicas criptográficas para codificar os dados de forma a que só possam ser desencriptados por partes autorizadas que possuam a chave de desencriptação correspondente.
    - A encriptação pode ser aplicada a vários níveis da pilha de rede, incluindo a camada de aplicação (por exemplo, HTTPS para navegação segura na Web), a camada de transporte (por exemplo, TLS/SSL para comunicação segura) e a camada de rede (por exemplo, IPsec para ligações VPN seguras).

- A encriptação assegura a confidencialidade, integridade e autenticidade dos dados transmitidos através de redes inseguras, protegendo-os contra interceção, adulteração e falsificação.

As VPNs e a encriptação desempenham um papel crucial na segurança das comunicações em rede, garantindo a privacidade e a integridade dos dados transmitidos através de redes públicas. Ao encriptar os dados em trânsito e ao fornecer acesso seguro aos recursos da rede, ajudam as organizações a manter a confidencialidade e a proteger as informações sensíveis contra o acesso não autorizado ou a interceção.

Capítulo 6: Gestão de redes

Monitorização e resolução de problemas de rede

A monitorização da rede e a resolução de problemas são tarefas essenciais para garantir a fiabilidade, disponibilidade e desempenho das redes informáticas. Aqui está uma visão geral dos principais conceitos e técnicas:

1. **Ferramentas de monitorização**:

    - As ferramentas de monitorização da rede recolhem e analisam dados sobre o tráfego de rede, dispositivos e métricas de desempenho para detetar problemas e anomalias.

    - Os exemplos incluem sniffers de pacotes (por exemplo, Wireshark), analisadores de rede (por exemplo, SolarWinds Network Performance Monitor) e sistemas de monitorização baseados em SNMP (por exemplo, Nagios).

2. **Análise de tráfego**:

    - A análise de tráfego consiste em examinar os pacotes de rede para identificar padrões, tendências e anomalias que possam indicar congestionamento da rede, erros ou ameaças à segurança.

    - As técnicas incluem captura de pacotes, análise de protocolos e monitorização de fluxos para monitorizar a utilização da largura de banda, a latência e a perda de pacotes.

3. **Registo de eventos**:

    - Os dispositivos e sistemas de rede geram ficheiros de registo que contêm informações sobre eventos, erros e alterações de estado.

    - As soluções de registo centralizadas (por exemplo, servidores syslog) agregam e armazenam dados de registo de várias fontes para análise e resolução de problemas.

4. **Alertas e notificações**:

- Os sistemas de monitorização da rede podem gerar alertas e notificações com base em limiares ou condições predefinidos.
- Os alertas podem ser enviados por correio eletrónico, SMS ou outros canais de comunicação para notificar os administradores de potenciais problemas que exijam atenção.

5. **Metodologias de resolução de problemas**:

- A resolução de problemas envolve a identificação, o isolamento e a resolução de problemas de rede para restabelecer o funcionamento normal.
- As metodologias comuns de resolução de problemas incluem a abordagem do modelo OSI, técnicas de dividir e conquistar e procedimentos sistemáticos de isolamento de falhas.

6. **Monitorização e gestão remotas**:

- As soluções de monitorização e gestão remotas (RMM) permitem aos administradores monitorizar e resolver problemas de dispositivos e sistemas de rede remotamente.
- As ferramentas RMM fornecem acesso remoto, gestão de configuração e capacidades de diagnóstico para resolver problemas sem necessidade de presença física.

7. **Métricas de desempenho**:

- Os indicadores-chave de desempenho (KPI), como a latência, o débito, a perda de pacotes e as taxas de erro, são utilizados para avaliar o desempenho da rede e identificar as áreas a melhorar.
- A análise de base do desempenho e a avaliação comparativa ajudam a estabelecer normas de desempenho e a identificar desvios que possam indicar degradação do desempenho ou estrangulamentos.

Gestão da configuração

A gestão da configuração envolve o processo de planeamento, documentação, implementação e manutenção da configuração de dispositivos e sistemas de rede. Aqui está uma visão geral dos principais conceitos e práticas:

1. **Documentação de configuração**:

   - A documentação das configurações de rede, incluindo definições de dispositivos, esquemas de endereçamento IP, configurações de VLAN e políticas de controlo de acesso, é essencial para manter a consistência e facilitar a resolução de problemas.

2. **Gestão da mudança**:

   - Os processos de gestão de alterações definem procedimentos para efetuar alterações às configurações de rede de forma controlada e sistemática.
   - Os comités de controlo de alterações (CCB) analisam as alterações propostas, avaliam os potenciais impactos e aprovam as alterações com base em critérios predefinidos para minimizar as perturbações e os riscos.

3. **Modelos de configuração**:

   - Os modelos de configuração normalizam as configurações dos dispositivos e aplicam as melhores práticas, fornecendo definições pré-configuradas para dispositivos e serviços de rede comuns.
   - Os modelos simplificam a implementação da configuração, reduzem os erros e garantem a consistência entre os dispositivos de rede.

4. **Controlo de versões**:

   - Os sistemas de controlo de versões acompanham as alterações aos ficheiros de configuração ao longo do tempo, permitindo aos administradores reverter para versões anteriores, comparar configurações e acompanhar o histórico de configuração.
   - Git, Subversion (SVN) e Mercurial são exemplos de ferramentas de controlo de versões normalmente utilizadas para gerir configurações de rede.

5. **Automatização e Orquestração**:

- As ferramentas de automatização automatizam tarefas repetitivas, como a implementação da configuração, o aprovisionamento de dispositivos e a verificação da conformidade, para melhorar a eficiência e reduzir os erros manuais.
- As plataformas de orquestração integram vários fluxos de trabalho de automatização e fornecem controlo e coordenação centralizados das alterações e actualizações da configuração da rede.

Técnicas de otimização do desempenho

A otimização do desempenho da rede envolve a maximização do débito, a minimização da latência e a melhoria da fiabilidade para satisfazer os requisitos das aplicações e dos utilizadores. Aqui estão algumas técnicas para a otimização do desempenho:

1. **Qualidade de serviço (QoS)**:
   - Os mecanismos de QoS dão prioridade e atribuem recursos de rede (por exemplo, largura de banda, espaço em fila) com base nos requisitos da aplicação e nas características do tráfego.
   - O traffic shaping, o policiamento do tráfego e a classificação do tráfego garantem que as aplicações críticas recebem recursos suficientes e não são afectadas negativamente pelo tráfego de menor prioridade.
2. **Engenharia de tráfego**:
   - As técnicas de engenharia de tráfego optimizam o encaminhamento e a atribuição de recursos de rede para melhorar o desempenho, minimizar o congestionamento e otimizar a utilização dos recursos.
   - As técnicas incluem a agregação de ligações, o equilíbrio de carga, a otimização de rotas e o reencaminhamento de tráfego para ajustar dinamicamente os caminhos da rede com base nas condições de tráfego em tempo real.
3. **Caching e redes de distribuição de conteúdos (CDN)**:

- O armazenamento em cache armazena os conteúdos frequentemente acedidos mais perto dos utilizadores, reduzindo a latência e o consumo de largura de banda ao servir conteúdos a partir de caches locais em vez de servidores de origem.

- As CDN distribuem conteúdos através de servidores periféricos geograficamente distribuídos para fornecer conteúdos de forma mais eficiente e reduzir a distância entre os utilizadores e as fontes de conteúdos.

4. **Otimização de protocolos**:

- As técnicas de otimização de protocolos optimizam os protocolos e algoritmos de rede para melhorar o desempenho e a eficiência.

- A afinação do TCP, os algoritmos de controlo de congestionamento (por exemplo, TCP Vegas, TCP BBR) e a compressão de cabeçalhos reduzem a latência, melhoram o débito e minimizam a perda de pacotes em redes de alta velocidade.

5. **Segmentação e otimização de redes**:

- A segmentação da rede divide as grandes redes em segmentos mais pequenos e mais fáceis de gerir para isolar o tráfego, melhorar a segurança e otimizar o desempenho.

- Técnicas como VLANs, sub-rede e virtualização de rede aumentam a escalabilidade, reduzem os domínios de difusão e simplificam o gerenciamento da rede.

6. **Actualizações de hardware e software**:

- A atualização do hardware de rede (por exemplo, comutadores, routers, placas de interface de rede) e do software (por exemplo, sistemas operativos, firmware) pode melhorar o desempenho, tirando partido de tecnologias mais recentes, processadores mais rápidos e funcionalidades melhoradas.

Ao implementar práticas de monitorização e resolução de problemas de rede, processos eficazes de gestão da configuração e técnicas de otimização do desempenho, as organizações podem garantir a fiabilidade, eficiência e escalabilidade das suas redes informáticas para satisfazer as exigências das aplicações e utilizadores modernos.

Capítulo 7: Redes sem fios

Normas e tecnologias Wi-Fi

1. **Normas Wi-Fi**:

- As normas Wi-Fi são definidas pelo IEEE (Instituto de Engenheiros Eléctricos e Electrónicos) e regem as tecnologias de rede sem fios.
- As normas Wi-Fi comuns incluem:
  - 802.11a: Funciona na banda de frequência de 5 GHz, fornecendo taxas de dados elevadas mas alcance limitado.
  - 802.11b: Funciona na banda de frequência de 2,4 GHz, oferecendo taxas de dados mais lentas, mas melhor alcance do que o 802.11a.
  - 802.11g: Funciona na banda de frequência de 2,4 GHz e fornece taxas de dados mais elevadas do que o 802.11b.
  - 802.11n: Funciona nas bandas de frequência de 2,4 GHz e 5 GHz, oferecendo maiores taxas de dados e melhor alcance através da tecnologia MIMO (multiple-input multiple-output).
  - 802.11ac: Funciona exclusivamente na banda de frequência de 5 GHz e oferece taxas de dados ainda mais elevadas e melhor desempenho em comparação com o 802.11n, utilizando larguras de banda de canal mais amplas e técnicas MIMO avançadas.
  - 802.11ax (Wi-Fi 6): A mais recente norma Wi-Fi, concebida para proporcionar maior débito, menor latência e maior eficiência em ambientes sem fios densos, suportando tecnologias como o acesso múltiplo por divisão ortogonal de frequências (OFDMA) e a entrada múltipla de múltiplos utilizadores e saída múltipla (MU-MIMO).

2. **Tecnologias LAN sem fios**:

- As tecnologias LAN sem fios (WLAN) permitem a conetividade sem fios em redes locais.

- Os componentes de uma WLAN incluem pontos de acesso (APs), que funcionam como hubs de comunicação sem fios, e clientes sem fios (por exemplo, computadores portáteis, smartphones) que se ligam aos APs para aceder aos recursos da rede.
- As WLANs utilizam sinais de radiofrequência (RF) para transmitir dados entre dispositivos, com cada AP a funcionar em canais específicos dentro das bandas de frequência de 2,4 GHz ou 5 GHz.
- As implementações de WLAN podem ser configuradas em várias topologias, incluindo o modo de infraestrutura (com APs que servem de pontos de comunicação centrais) e o modo ad-hoc (com dispositivos que comunicam diretamente entre si sem APs).

Conceção e implementação de LAN sem fios

1. **Levantamento do local**:
   - A realização de um levantamento do local é essencial para a conceção e implementação de uma LAN sem fios.
   - Um levantamento do local envolve a avaliação de factores como a disposição do edifício, materiais de construção, fontes de interferência de RF e densidade de clientes para determinar a colocação ideal do AP e a atribuição de canais.
   - Podem ser utilizadas ferramentas como analisadores de espetro e scanners Wi-Fi para identificar interferências de RF e áreas de cobertura de sinal.
2. **Colocação AP**:
   - A colocação de APs desempenha um papel fundamental na otimização da cobertura e do desempenho sem fios.
   - Os APs devem ser estrategicamente posicionados para fornecer uma cobertura uniforme em toda a área pretendida, minimizando a interferência de sinal e as zonas mortas.
   - Os factores a considerar ao colocar os APs incluem a força do sinal, a orientação da antena e a utilização do canal.

3. **Planeamento de canais**:

- O planeamento eficaz do canal ajuda a minimizar a interferência de co-canal e a maximizar a capacidade da rede.
- Na banda de 2,4 GHz, os canais devem ser seleccionados de modo a evitar sobreposições e interferências de redes vizinhas.
- Na banda de 5 GHz, podem ser utilizadas larguras de canal mais largas e seleção dinâmica de frequências (DFS) para aumentar o débito e reduzir as interferências.

4. **Planeamento de capacidades**:

- O planeamento da capacidade envolve a estimativa do número de utilizadores simultâneos e dos seus requisitos de largura de banda para garantir um desempenho adequado da rede.
- Factores como a utilização de aplicações, os tipos de dispositivos e a densidade de utilizadores devem ser considerados na conceção da capacidade das WLAN.

Considerações sobre segurança em redes sem fios

1. **Encriptação**:

- A encriptação é essencial para proteger os dados transmitidos através de redes sem fios contra escutas e intercepções.
- As redes Wi-Fi devem utilizar protocolos de encriptação fortes, como o WPA2 (Wi-Fi Protected Access 2) ou o WPA3, para encriptar o tráfego de dados entre clientes e APs.
- As chaves de encriptação devem ser actualizadas periodicamente e geridas de forma segura para evitar o acesso não autorizado.

2. **Autenticação**:

- Os mecanismos de autenticação, como o Wi-Fi Protected Setup (WPS), as chaves pré-partilhadas (PSKs) e o 802.1X/EAP (Extensible Authentication

Protocol), devem ser utilizados para verificar a identidade dos clientes antes de conceder acesso à rede.

- Os métodos de autenticação fortes, como a autenticação baseada em certificados, aumentam a segurança através da validação das identidades dos clientes e dos APs.

3. **Controlo de acesso**:

- As medidas de controlo de acesso, como a filtragem de endereços MAC e a segmentação de VLAN, podem ser utilizadas para restringir o acesso a dispositivos e segmentos de rede autorizados.
- A segmentação da rede separa o tráfego sem fios do tráfego com fios, reduzindo a superfície de ataque e limitando o impacto das violações de segurança.

4. **Deteção e prevenção de intrusões**:

- Os sistemas de deteção e prevenção de intrusões (IDPS) monitorizam o tráfego sem fios para detetar sinais de acesso não autorizado, atividade maliciosa ou violações da política de segurança.
- O IDPS pode detetar e bloquear APs desonestos, clientes não autorizados e ataques de negação de serviço (DoS) para manter a integridade e a disponibilidade da rede.

5. **Políticas de segurança e formação**:

- O estabelecimento de políticas de segurança abrangentes e a formação contínua de sensibilização para a segurança dos utilizadores e administradores são essenciais para manter um ambiente de rede sem fios seguro.
- As políticas de segurança devem abordar temas como a utilização aceitável, a gestão de palavras-passe, a configuração de dispositivos e os procedimentos de resposta a incidentes.

Ao ter em conta estas considerações de segurança durante a conceção, implementação e funcionamento das redes sem fios, as organizações podem reduzir os riscos de segurança e proteger os dados sensíveis contra o acesso não autorizado, a interceção e a exploração.

Capítulo 8: Redes em nuvem

Introdução à computação em nuvem

A computação em nuvem refere-se à prestação de serviços informáticos através da Internet, permitindo aos utilizadores aceder e utilizar recursos de TI, como servidores, armazenamento, bases de dados, aplicações e redes, sem necessidade de infra-estruturas no local. Aqui está uma visão geral dos principais conceitos e benefícios da computação em nuvem:

1. **Modelos de serviços**:

   - Infraestrutura como um serviço (IaaS): Fornece recursos de computação virtualizados, tais como máquinas virtuais (VMs), armazenamento e rede, a pedido através da Internet.
   - Plataforma como um serviço (PaaS): Oferece plataformas de desenvolvimento e implementação, incluindo sistemas operativos, estruturas de desenvolvimento e ambientes de tempo de execução, para criar e alojar aplicações.
   - Software como um serviço (SaaS): Fornece aplicações e serviços totalmente geridos, acessíveis através de um navegador Web ou API, sem necessidade de instalação ou manutenção.

2. **Modelos de implantação**:

   - Nuvem pública: Os serviços são alojados e geridos por fornecedores de nuvens terceiros e disponibilizados a vários utilizadores através da Internet numa base de pagamento conforme o uso.
   - Nuvem privada: Os serviços são implementados numa infraestrutura dedicada, no local ou alojada por um fornecedor externo, exclusivamente para uma única organização, oferecendo um maior controlo e personalização.
   - Nuvem híbrida: Combina ambientes de nuvem pública e privada, permitindo que as organizações aproveitem a escalabilidade e a flexibilidade da nuvem pública enquanto mantêm dados confidenciais e cargas de trabalho críticas no local.

- Múltiplas nuvens: Envolve o uso de vários provedores de nuvem para distribuir cargas de trabalho em diferentes plataformas de nuvem, reduzindo a dependência de um único provedor e melhorando a resiliência e o desempenho.

3. **Benefícios**:

- Escalabilidade: Os recursos da nuvem podem ser aumentados ou reduzidos dinamicamente para satisfazer a procura em constante mudança, garantindo um desempenho ótimo e uma boa relação custo-eficácia.

- Flexibilidade: Os utilizadores têm acesso a uma vasta gama de serviços e configurações, o que lhes permite adaptar as soluções às suas necessidades específicas.

- Poupança de custos: A computação em nuvem elimina a necessidade de investimentos iniciais de capital em hardware e software, reduzindo os custos de infraestrutura e fornecendo modelos de preços previsíveis de pagamento conforme o uso.

- Acessibilidade: Os serviços em nuvem podem ser acedidos a partir de qualquer lugar com uma ligação à Internet, permitindo o trabalho remoto, a colaboração e o alcance global.

- Fiabilidade: Os fornecedores de serviços em nuvem oferecem infra-estruturas redundantes, replicação de dados e capacidades de recuperação de desastres para garantir uma elevada disponibilidade e proteção de dados.

Rede virtual na nuvem

1. **Nuvem privada virtual (VPC)**:

- A VPC é um ambiente de rede virtualizado dentro da infraestrutura de um provedor de nuvem pública, permitindo que os usuários criem redes, sub-redes e tabelas de roteamento isoladas.

- A VPC fornece controlo e segurança ao nível da rede, permitindo às organizações definir intervalos de endereços IP personalizados, configurar políticas de controlo de acesso e estabelecer ligações VPN.

2. **Elastic Load Balancing (ELB)**:

- O ELB distribui o tráfego de entrada por várias instâncias ou serviços para garantir uma elevada disponibilidade, tolerância a falhas e escalabilidade das aplicações.
- O ELB dimensiona automaticamente os recursos em resposta à alteração dos padrões de tráfego, optimizando o desempenho e minimizando a latência.

3. **Rede Privada Virtual (VPN)**:

- A VPN estabelece ligações encriptadas entre redes locais e ambientes de nuvem, permitindo uma comunicação segura e a troca de dados através de redes públicas.
- Os gateways VPN e os túneis VPN fornecem acesso seguro aos recursos da nuvem, mantendo a confidencialidade e a integridade dos dados.

Estratégias híbridas e multi-nuvem

1. **Nuvem híbrida**:

- A nuvem híbrida integra a infraestrutura no local com ambientes de nuvem pública e privada, permitindo que as organizações aproveitem os benefícios de ambos os modelos de implantação.
- Os casos de utilização comuns para a nuvem híbrida incluem a replicação de dados, a recuperação de desastres, a computação de pico e a migração de cargas de trabalho.

2. **Multi-nuvem**:

- A multi-nuvem implica a utilização de vários fornecedores de serviços em nuvem para distribuir cargas de trabalho e serviços por diferentes plataformas, atenuando a dependência do fornecedor e melhorando a resiliência e o desempenho.
- As organizações adoptam estratégias multi-cloud para acederem aos melhores serviços, evitarem pontos únicos de falha, optimizarem os custos e cumprirem os requisitos regulamentares.

3. **Desafios e considerações**:

- Interoperabilidade: Garantir a compatibilidade e a integração perfeita entre diferentes plataformas de nuvem e sistemas no local.

- Gerenciamento de dados: Gerir a consistência, sincronização e segurança dos dados em ambientes híbridos e multi-nuvem.

- Governação e conformidade: Estabelecimento de políticas, controlos e mecanismos de monitorização para garantir a conformidade regulamentar e a soberania dos dados.

- Gestão de custos: Otimizar os custos e a utilização de recursos em vários fornecedores de serviços na nuvem, evitando a dependência do fornecedor e despesas inesperadas.

Ao adotar a computação em nuvem, as organizações podem obter maior agilidade, escalabilidade e eficiência de custos, ao mesmo tempo que permitem iniciativas de inovação, colaboração e transformação digital. A adoção de estratégias de rede virtual, nuvem híbrida e multi-nuvem aumenta ainda mais a flexibilidade, a resiliência e o alinhamento estratégico com os objectivos empresariais.

Capítulo 9: Tecnologias emergentes

Redes definidas por software (SDN)

1. **Conceito**:
   - A SDN é uma arquitetura que separa o plano de controlo do plano de dados nos dispositivos de rede, permitindo o controlo centralizado e a programabilidade da infraestrutura de rede.
   - Abstrai a inteligência da rede para um controlador baseado em software, que gere e configura dinamicamente os dispositivos de rede com base nos requisitos das aplicações e nas políticas de rede.
2. **Componentes principais**:
   - Controlador SDN: Gere os dispositivos de rede e orquestra os fluxos de tráfego utilizando interfaces programáveis como o OpenFlow.
   - Dispositivos do plano de dados: Encaminham o tráfego com base nas instruções recebidas do controlador, implementando políticas definidas pela lógica centralizada.
   - APIs do Sul: Interfaces entre o controlador e os dispositivos de rede, permitindo a comunicação e a configuração.
   - APIs de ligação ao norte: Interfaces entre o controlador e as aplicações de rede, permitindo que programas externos interajam com o ambiente SDN.
3. **Benefícios**:
   - Agilidade: Permite a rápida implantação e provisionamento de serviços de rede por meio de gerenciamento e automação centralizados.
   - Escalabilidade: Facilita o escalonamento dinâmico dos recursos de rede para acomodar os padrões de tráfego em mudança e as exigências das aplicações.
   - Flexibilidade: Permite que os administradores de rede definam e apliquem políticas de forma consistente em toda a infraestrutura de rede.

- Eficiência de custos: Reduz os custos operacionais simplificando a gestão da rede, optimizando a utilização de recursos e permitindo a consolidação da infraestrutura.

Internet das coisas (IoT) e redes

1. **Definição**:

- A IdC refere-se à rede de dispositivos e sensores interligados que comunicam e trocam dados através da Internet, permitindo várias aplicações e serviços.

- Os dispositivos IoT podem ir desde a eletrónica de consumo (por exemplo, dispositivos domésticos inteligentes, dispositivos portáteis) até ao equipamento industrial (por exemplo, sensores, actuadores) e caracterizam-se normalmente pela sua capacidade de recolher, transmitir e processar dados de forma autónoma.

2. **Desafios de ligação em rede**:

- Escalabilidade: Acomodar um grande número de dispositivos IoT e gerir a sua conetividade de forma eficiente.

- Heterogeneidade: Suporte de diversos tipos de dispositivos com diferentes protocolos de comunicação, formatos de dados e requisitos de energia.

- Segurança: Garantir a confidencialidade, integridade e disponibilidade dos dados transmitidos entre os dispositivos IoT e os sistemas backend.

- Interoperabilidade: Facilitar a comunicação e a integração sem descontinuidades entre dispositivos IoT de diferentes fornecedores e plataformas.

3. **Soluções de ligação em rede**:

- Redes de área ampla de baixa potência (LPWANs): Fornecem conetividade de longo alcance e baixo consumo de energia para dispositivos IoT, permitindo uma cobertura de área alargada e uma maior duração da bateria.

- Computação de borda: Distribui os recursos de computação mais perto dos dispositivos IoT, reduzindo a latência, a utilização da largura de banda e a dependência de centros de dados centralizados.
- Fatiamento de rede: Cria segmentos de rede virtual otimizados para aplicações específicas de IoT ou casos de uso, garantindo a qualidade do serviço (QoS) e o isolamento de recursos.
- Estruturas de segurança: Implementar mecanismos robustos de encriptação, autenticação e controlo de acesso para proteger os dispositivos e dados IoT contra o acesso não autorizado e as ciberameaças.

Redes 5G e mais além

1. **Visão geral**:
   - A 5G é a quinta geração da tecnologia sem fios celular, oferecendo melhorias significativas em termos de velocidade, capacidade, latência e conetividade em comparação com as gerações anteriores.
   - As principais características do 5G incluem débitos de dados mais elevados, latência ultra-baixa, conetividade maciça de dispositivos, divisão da rede e capacidades de computação periférica.
2. **Tecnologias-chave**:
   - Onda milimétrica (mmWave): Utiliza bandas de frequência mais elevada para atingir taxas de dados multi-gigabit e suportar aplicações de largura de banda intensiva.
   - MIMO maciço (Multiple-Input Multiple-Output): Utiliza um grande número de antenas para aumentar a eficiência espetral e melhorar a capacidade da rede.
   - Virtualização da função de rede (NFV) e rede definida por software (SDN): Permitem a atribuição flexível e dinâmica de recursos de rede para suportar diversos serviços e aplicações.
   - Computação de borda: Move os recursos de computação e armazenamento para mais perto da borda da rede, reduzindo a latência e permitindo o

processamento de dados em tempo real para aplicativos de IoT, realidade aumentada (AR) e realidade virtual (VR).

3. Aplicações.

- Banda larga móvel melhorada (eMBB): Fornece acesso à Internet de alta velocidade para streaming, jogos e consumo de conteúdos multimédia em dispositivos móveis.
- Comunicações de baixa latência ultra-confiáveis (URLLC): Suporta aplicações de missão crítica, como veículos autónomos, cirurgia remota e automação industrial, que requerem latência ultra-baixa e alta fiabilidade.
- Comunicações maciças do tipo máquina (mMTC): Permite a conetividade de um grande número de dispositivos e sensores IoT, facilitando a implantação de cidades inteligentes, redes inteligentes e agricultura inteligente.

Prevê-se que as redes 5G e as tecnologias emergentes para além das 5G (por exemplo, 6G) revolucionem a comunicação e a conetividade, criando novas oportunidades de inovação, crescimento económico e impacto social em várias indústrias e domínios.

Capítulo 10: Estudos de casos e aplicações práticas

Cenários de rede do mundo real

1. **Infraestrutura de rede empresarial**:

    - Cenário: Uma grande empresa precisa de estabelecer uma infraestrutura de rede robusta e escalável para suportar milhares de funcionários em vários locais.
    - Solução: Implementar uma combinação de tecnologias de rede com e sem fios, incluindo switches, routers, pontos de acesso e dispositivos de segurança de rede, para fornecer conetividade fiável e acesso contínuo aos recursos empresariais.
    - Considerações: Factores como a segmentação da rede, a qualidade do serviço (QoS), a redundância e a recuperação de desastres são essenciais para garantir uma elevada disponibilidade, desempenho e segurança.

2. **Implantação de redes no campus**:

    - Cenário: Um campus universitário necessita de uma solução de rede abrangente para suportar diversos utilizadores, dispositivos e aplicações, incluindo salas de aula, dormitórios, laboratórios e escritórios administrativos.
    - Solução: Implementar uma infraestrutura de rede em todo o campus que inclua conetividade com e sem fios, cobertura Wi-Fi em todo o campus, controlo de acesso à rede (NAC) e capacidades de transmissão multimédia para facilitar as actividades de ensino, aprendizagem e investigação.
    - Considerações: A escalabilidade, a mobilidade, os requisitos de largura de banda e a autenticação do utilizador são considerações fundamentais na conceção e gestão de uma infraestrutura de rede de campus.

3. **Conectividade em nuvem e arquitecturas híbridas**:

    - Cenário: Uma organização adopta uma estratégia de nuvem híbrida para aproveitar os benefícios dos serviços locais e baseados na nuvem, exigindo uma conetividade perfeita entre centros de dados privados e plataformas de nuvem pública.

- Solução: Implemente redes privadas virtuais (VPNs), linhas alugadas dedicadas ou interconexões diretas (por exemplo, AWS Direct Connect, Azure ExpressRoute) para estabelecer conetividade segura e de alta velocidade entre a infraestrutura local e os ambientes de nuvem.
- Considerações: A latência da rede, os requisitos de largura de banda, a soberania dos dados e a conformidade com os requisitos regulamentares influenciam a seleção e a configuração das soluções de conetividade na nuvem.

Implementação de soluções de rede

1. **Conceção e planeamento de redes**:

- Avaliar os requisitos comerciais, as necessidades dos utilizadores e as cargas de trabalho das aplicações para conceber uma arquitetura de rede que cumpra os objectivos de desempenho, segurança e escalabilidade.
- Considere factores como a topologia, a redundância, os padrões de tráfego e as projecções de crescimento ao planear as implementações de rede.

2. **Seleção de hardware e software**:

- Escolher equipamento de rede (por exemplo, routers, switches, firewalls) e soluções de software (por exemplo, sistemas operativos, ferramentas de gestão de rede) que se alinhem com os requisitos de desempenho, restrições orçamentais e compatibilidade com a infraestrutura existente.

3. **Configuração e implantação**:

- Configurar dispositivos, protocolos e serviços de rede de acordo com as melhores práticas e normas da indústria para garantir a interoperabilidade, a segurança e um desempenho ótimo.
- Implementar segmentação de rede, VLANs, listas de controlo de acesso (ACLs) e mecanismos de encriptação para aplicar políticas de segurança e proteger dados sensíveis.

4. **Testes e otimização**:

   - Efetuar testes e validações exaustivos das configurações e funcionalidades da rede para identificar e resolver potenciais problemas antes da implementação.

   - Monitorizar o desempenho da rede, os padrões de tráfego e os eventos de segurança utilizando ferramentas de monitorização da rede e plataformas de análise para otimizar a utilização dos recursos e resolver problemas de forma proactiva.

Tendências futuras em redes de computadores

1. **5G e mais além**:

   - Evolução contínua das redes celulares com avanços em termos de velocidade, capacidade e latência para suportar aplicações emergentes, como veículos autónomos, realidade aumentada (RA) e realidade virtual (RV).

   - Integração de redes 5G com computação periférica, divisão da rede e inteligência artificial (IA) para permitir novos casos de utilização e serviços que exigem latência ultra-baixa e elevada fiabilidade.

2. **Internet das Coisas (IoT)**:

   - A proliferação de dispositivos e sensores IoT ligados à Internet está a impulsionar a procura de soluções de rede escaláveis, seguras e interoperáveis para gerir e processar quantidades maciças de dados gerados pelas implantações IoT.

   - Adoção de LPWANs, computação periférica e inteligência distribuída para enfrentar os desafios da heterogeneidade dos dispositivos, da gestão de dados e da segurança em ambientes IoT.

3. **Redes definidas por software (SDN)**:

   - Adoção continuada de princípios e tecnologias SDN para aumentar a agilidade, a automatização e a programabilidade da rede, permitindo o aprovisionamento dinâmico de recursos e serviços de rede em resposta a exigências variáveis.

- Integração de SDN com computação em nuvem, contentorização e arquitecturas de microsserviços para suportar modelos modernos de implementação de aplicações e ambientes de nuvem híbrida

4. **Segurança e privacidade**:

- Maior atenção à cibersegurança e à privacidade dos dados em resposta ao aumento das ciberameaças, dos requisitos regulamentares e das preocupações com a privacidade.

- Adoção de modelos de segurança de confiança zero, encriptação de ponta a ponta e capacidades de deteção e resposta a ameaças orientadas por IA para proteger a infraestrutura de rede, as aplicações e os dados de ciberataques em evolução.

5. **Tecnologias emergentes**:

- Exploração de tecnologias emergentes de ligação em rede, como a ligação em rede quântica, a computação neuromórfica e a comunicação terahertz, para dar resposta a futuros requisitos de largura de banda e de desempenho que ultrapassem as capacidades das tecnologias tradicionais de ligação em rede.

- Esforços de investigação e desenvolvimento em áreas como a virtualização de redes, redes baseadas em cadeias de blocos e redes auto-regenerativas para responder às necessidades e desafios em evolução da transformação digital e da conetividade no século XXI.

Referências

1. Stallings, W. (2013). Comunicações de dados e computadores (10ª ed.). Pearson.

2. Tanenbaum, A. S., & Wetherall, D. J. (2011). Redes de computadores (5ª ed.). Pearson.

3. Kurose, J. F., & Ross, K. W. (2017). Redes de computadores: Uma abordagem top-down (7ª ed.). Pearson.

4. Peterson, L. L., & Davie, B. S. (2007). Redes de computadores: Uma abordagem de sistemas (4ª ed.). Morgan Kaufmann.

5. Comer, D. (2006). Internetworking with TCP/IP (5ª ed.). Prentice Hall.

6. Forouzan, B. A. (2016). Comunicações de dados e redes (5ª ed.). McGraw-Hill Education.

7. Cisco Systems, Inc. (2019). Guia de certificação Cisco CCNA: Tudo o que precisa para fazer o exame CCNA. Cisco Press.

8. Al-Fuqaha, A., Guizani, M., Mohammadi, M., Aledhari, M., & Ayyash, M. (2015). Internet das coisas: A survey on enabling technologies, protocols, and applications. IEEE Communications Surveys & Tutorials, 17(4), 2347-2376.

9. Sheltami, T. R., Mahmoud, A. S., & Abu-Amara, M. (2014). Uma revisão das tecnologias sem fios para a Internet das Coisas (IoT). IEEE Internet of Things Journal, 1(3), 169-182.

10. Rappaport, T. S. (2017). Comunicações sem fio: Princípios e prática (2a ed.). Pearson.

11. Akyildiz, I. F., Su, W., Sankarasubramaniam, Y., & Cayirci, E. (2002). A survey on sensor networks. IEEE Communications Magazine, 40(8), 102-114.

12. Gubbi, J., Buyya, R., Marusic, S., & Palaniswami, M. (2013). Internet das Coisas (IoT): A vision, architectural elements, and future directions. Future Generation Computer Systems, 29(7), 1645-1660.

13. Andrews, G. R., & Hunt, G. (2013). Ethernet: O guia definitivo (2a ed.). O'Reilly Media.

14. Dahlman, E., Parkvall, S., & Sköld, J. (2014). 4G: LTE/LTE-advanced for mobile broadband (2.ª ed.). Academic Press.

15. Gupta, A. K. (2007). Comunicações sem fios modernas. Pearson Education India.

16. Meronen, A. (2018). 5G NR: A tecnologia de acesso sem fios da próxima geração. John Wiley & Sons.

17. Raghavan, S., & Ma, S. (2016). Fundamentos da rede moderna: SDN, NFV, QoE, IoT e nuvem. Addison-Wesley Professional.

18. Kreger, H. (2013). Entendendo e implantando serviços de diretório LDAP (2a ed.). Addison-Wesley Professional.

19. Tian, D., Li, K., Zhang, J., Wu, J., & Zhang, Y. (2018). Virtualização da função de rede: Conceitos e aplicabilidade em redes 5G. IEEE Network, 32(1), 90-97.

20. Sarker, M. I. I., Alam, S., & Mamun, S. A. (2020). Pesquisa sobre ameaças à segurança e contramedidas em redes IoT. IEEE Internet of Things Journal, 7(3), 2191-2210.

Printed by Books on Demand GmbH, Norderstedt / Germany